MARMELADEN
UND GELEES

Das kleine Buch

Axel Gutjahr

MARMELADEN UND GELEES

von klassisch bis kreativ

Inhalt

Vorwort

Erinnern Sie sich noch an früher?
An die Ferien bei Oma und Opa?

Häufig duftete es im Haus ganz wunderbar nach leckeren Sachen, etwa nach frischem Blechkuchen, köstlichem Pudding, zu Kompott verarbeitetem Obst und selbstgemachten Marmeladen. Ab und zu haben Sie vielleicht der Großmutter bei der Zubereitung dieser Speisen geholfen und des Öfteren auch mit etwas Ungeduld daran genascht. Das Schöne dabei war, dass alle diese Speisen besser schmeckten als gekaufte Erzeugnisse. Wenn das kein guter Grund ist, einige dieser Köstlichkeiten wieder aufleben zu lassen und selbst einmal wohlschmeckende Marmeladen, Konfitüren und Gelees zu kochen! Dieses Buch möchte Ihnen dabei eine zuverlässige Unterstützung sein.

Eine über 2000-jährige Erfolgsgeschichte

Die Vorläufer der heutigen Marmeladen und Konfitüren erfreuten sich bereits im antiken Griechenland und Rom großer Beliebtheit. Dieser Trend setzte sich bis zur Gegenwart fort. Ein Höhepunkt in der Geschichte der Marmeladenherstellung war die Gründung der ersten Marmeladenmanufaktur, welche im Jahre 1797 in der schottischen Stadt Dundee erfolgte. Bis zur Mitte der 1970er-Jahre war die Herstellung von Marmeladen, Konfitüren, Fruchtgelees und Fruchtmusen allerdings sehr zeitaufwendig und zumeist mit hohen Heizenergiekosten verbunden. Im Jahre 1965 bot der Handel erstmalig Gelierzucker an, der sofort die Herzen der Hobbyköche eroberte und seitdem aus der Marmeladenherstellung nicht mehr wegzudenken ist. Seine Besonderheit bestand darin, dass er neben der gut bekannten Raffinade (kristallisierter Weißzucker, wie er in der Küche verwendet wird) Zitronen- oder Weinsäure und Pektin enthielt. Weitgehend frisches Pektin ist ein sehr schnell und sehr gut wirkendes Geliermittel, wodurch sich sowohl der Zeitaufwand als auch der Energiebedarf bei der Marmeladenherstellung erheblich verringern. Bis dahin war es üblich, einen Ansatz aus Raffinade und Früchten solange durch Kochen einzudicken, bis dieser die gewünschte marmeladentypische Konsistenz erreichte.

Stets auf das Verfallsdatum achten

Pektine sind pflanzliche Vielfachzucker, die in besonders hohen Konzentrationen in Schalen von Zitrusfrüchten vorhanden sind. Sie lassen sich mittels industrieller Extraktionsverfahren gewinnen. Da die Pektine ihre Gelierkraft allmählich verlieren, sollte man nur Gelierzucker verwenden, dessen Haltbarkeitsdatum noch nicht überschritten ist.

Die kleinen Unterschiede

Vielerorts tragen industriell aus Obst produzierte Fruchtaufstriche nur dann den Handelsnamen »Marmelade«, wenn sie aus Zitrusfrüchten hergestellt wurden. Umgangssprachlich (und daran wird sich der weitere Text orientieren) versteht man unter Marmeladen ein Nahrungsmittel, das im Wesentlichen aus zu Mus verarbeiten Früchten besteht, die unter Zugabe von Gelierzucker eine gallertartige Konsistenz erhalten haben. Im Unterschied zur Marmelade enthält Konfitüre eine mehr oder weniger große Menge an Fruchtstücken. Dagegen erfolgt die Herstellung von Gelees nicht aus Früchten, sondern aus Fruchtsäften, oder manchmal aus in Wasser gelösten Kräuter- oder Blütensäften. Fruchtmuse haben oft keine gallertige, sondern eine breiige Konsistenz, weil sie häufig – aber nicht immer – ohne Gelierzucker zubereitet werden.

Selbstgemacht –
da weiß man, was man hat

Immer mehr Menschen wollen genau wissen, welche Bestandteile die von ihnen erworbenen Lebensmittel enthalten. Gleichzeitig sind sie daran interessiert, dass ihre Nahrungsmittel möglichst wenig chemische Zusatzstoffe aufweisen. Bei selbst gekochten Marmeladen, Konfitüren, Gelees und Fruchtmusen sind das in der Regel nur jene Substanzen, die den Gelierungsprozess auslösen. Dagegen enthalten sie weder farbverstärkende Substanzen noch irgendwelche preiswerten »Streckmittel«, wie etwa Johanniskernbrotmehl. Stattdessen ist in den selbsthergestellten Erzeugnissen der Fruchtanteil zumeist deutlich höher als in den industriell produzierten. Dieser höhere Fruchtanteil bewirkt häufig einen besseren Geschmack. Letzterer wird nicht selten durch mehrfaches Abschmecken – verbunden mit einem geringfügigen Nachwürzen – noch weiter erhöht. Dadurch erweisen sich hausgemachte Marmeladen, Konfitüren, Gelees und Fruchtmuse fast immer als echte kulinarische Hochgenüsse.

Der 3:1er als Favorit

Zum Kochen von Marmeladen, Konfitüren und Gelees bietet der Handel Gelierzucker in den Varianten 3:1, 2:1 und 1:1 an. Das bedeutet, dass zu 3, 2 oder 1 kg Früchte etwa 1 kg Gelierzucker hinzugegeben werden muss. In diesem Zusammenhang kann man sich merken: Je weniger Gelierzucker zur Herstellung einer Marmelade oder Konfitüre benötig wird, desto intensiver kommt anschließend das Fruchtaroma zur

Tipp:

Jeder mag am liebsten seine individuelle Marmelade oder Konfitüre. Bei dem einen soll sie eine etwas festere, bei dem anderen eine etwas weichere Konsistenz haben.

Deshalb sollte man die Gelierzuckerangaben bei den späteren Rezepten auch nur als Orientierung ansehen. Wer seine Marmelade etwas fester haben möchte, gibt beim Kochen ein paar Gramm Gelierzucker mehr hinzu, und wer eine weichere bevorzugt, reduziert ihn um ein paar Gramm.

Geltung. Folglich erweist sich der 3:1er-Gelierzucker als bester Mischungspartner für die meisten Früchte. Des Weiteren kann man sich merken, dass stark säurehaltige Früchte fast immer schneller und besser gelieren als Obstarten, die nur wenig Säure enthalten.

Die entscheidende Probe

Es ist immer sehr ärgerlich, wenn die Marmeladen, Konfitüren oder Gelees eine zu weiche Konsistenz aufweisen und innerhalb kürzester Zeit von Brot oder Semmel herunterrinnen. Derartige »Frühstücks-Katastrophen« lassen sich vermeiden, indem man eine sachgerechte Gelierprobe durchführt, die manchmal auch als Geliertest bezeichnet wird. Sie gibt Auskunft darüber, ob Marmeladen, Konfitüren oder Gelees auch nach dem Erkalten die gewünschte Konsistenz aufweisen. Die Gelierprobe erfolgt in der Weise, dass man einen Viertel Teelöffel der gekochten Masse als dünnen Film auf einer Untertasse ausstreicht. Danach wartet man 30 bis 60 Sekunden. Wenn dieser Film nicht weiter auseinanderläuft, ist die Gelierprobe positiv. Falls die Masse noch weiter zerläuft, kann man einen Gelierverstärker, wie etwa pulverisierte Zitronensäure, zu dem Fruchtaufstrich geben. Ebenso ist es möglich, zu der gekochten Masse noch etwas mehr Gelierzucker hinzuzufügen. Anschließend wird der Ansatz erneut kurz aufgekocht und eine weitere Gelierprobe durchgeführt.

Längerfristig mögen's alle kalt

Die längerfristige Aufbewahrung von Marmeladen, Gelees und Fruchtmusen erfolgt am besten in Gläsern, die mit einem Twist-off-Deckel verschlossen wurden. Glas ist im Gegensatz zu Plastikgefäßen geschmacksneutral, so dass die Aromen des jeweiligen Inhalts nicht verfälscht werden. Ein zum baldigen Verbrauch geöffnetes Glas kann bei Zimmertemperatur im Küchenschrank oder in den Kühlschrank gestellt werden.

Tipp:

Beim Einfüllen der Marmeladen ist darauf zu achten, dass davon nichts an den äußeren Rand der Gläser gelangt, weil die dadurch entstehenden Verklebungen mitunter ein absolut dichtes Verschließen verhindern. Deshalb hat es sich bewährt, den Rand nach dem Befüllen mit einem feuchten Lappen abzuwischen und dann gründlich trocken zu reiben. Erst danach wird der Deckel aufgesetzt.

Zur längerfristigen Lagerung geschlossener Gläser eignet sich ein dunkler, kühler Kellerraum am besten. Keinesfalls sollte jedoch die längerfristige Lagerung in Räumen erfolgen, in denen die Gläser täglich mehrere Stunden direkter Sonneneinstrahlung ausgesetzt sind. Das Sonnenlicht wirkt auf nahezu alle in Gläsern konservierten Lebensmittel aggressiv, indem es etwa Vitamine zerstört und folglich ihre positiven Effekte zunichte macht.

Rezepte

Einfach, klassisch, wunderbar

❧

ERDBEERMARMELADE/-KONFITÜRE

Bei der Herstellung kann man sich zwischen Marmelade und Konfitüre oder für beides entscheiden. Für Konfitüre nimmt man von den gewaschenen Erdbeeren 300 Gramm weg und schneidet sie in Stücke. Diese gibt man 30 Sekunden, bevor der Ansatz vom Herd genommen wird, hinzu. Dadurch zerkochen die Fruchtstücke nicht völlig.

ZUTATEN

- 2 kg frische, gewaschene Erdbeeren
- 800 g Gelierzucker 3:1

ZUBEREITUNG

Die Früchte mit dem Passierstab zu Brei verarbeiten und danach mit dem Gelierzucker in einen Topf geben. Dieser Ansatz wird unter ständigem Rühren zum Kochen gebracht. Anschließend lässt man ihn weitere 3 Minuten bei kleiner Hitze köcheln. Weil Erdbeeren zu den schlechter gelierenden Früchten gehören, kann es erforderlich sein, nach der ersten Gelierprobe noch zusätzlichen Gelierzucker hinzuzugeben. Gelingt danach die Gelierprobe, füllt man die Marmelade bzw. Konfitüre in Gläser.

BASISREZEPT

Nach dem weitgehend gleichen Prinzip wie für Erdbeermarmelade/-konfitüre lassen sich auch andere Marmelade und Konfitüren aus Beerenobst und Kirschen herstellen. Für starksäuerliche Beeren zunächst nur 700 Gramm Gelierzucker verwenden und später gegebenenfalls nachzuckern.

ℱELSENBIRNENMARMELADE

Bei der Felsenbirne, Amelanchier ovalis, die in Österreich auch als Edelweißstrauch bezeichnet wird, handelt es sich um ein Kernobstgewächs. Ihre purpurroten bis bläulich-schwarzen Früchte, die einen Durchmesser von 7 Millimetern erreichen können, reifen im August. Aufgrund ihres marzipanähnlichen Geschmacks werden diese im Handel auch als »Pralinas« angeboten.

ZUTATEN

- 1 kg frische, voll ausgereifte Früchte
- 350 g Gelierzucker 3:1

ZUBEREITUNG

Die Früchte mit dem Passierstab zu Mus verarbeiten und dieses zusammen mit dem Gelierzucker unter ständigem Rühren zum Kochen bringen. Anschließend lässt man den Ansatz 5 Minuten köcheln und führt die Gelierprobe durch.

TIPP

Wer zusätzlich zu dem leichten Marzipangeschmack ein feines Vanillearoma genießen möchte, gibt zu dem Kochansatz das aus einer Vanilleschote herausgekratzte Mark hinzu.

KRIECHERLMARMELADE/-KONFITÜRE

Das Kriecherl (Kirschpflaume), Prunus cerasifera, seltener auch Myrobalane genannt, ist ein weit verbreitete, Obstgehölz, das sowohl strauch- als auch baumartige Wuchsformen haben kann. Zwischen Juni und August reifen die 2 bis 3 Zentimeter großen, kugelähnlichen Früchte der Kriecherln, die eine (wein)rote, schwarzviolette oder gelbe Färbung aufweisen. Insbesondere die letztgenannten werden fälschlicherweise oft als Mirabellen bezeichnet. Im Unterschied zur Mirabelle haben jedoch die Früchte der Kirschpflaume eine glattere Haut und ihr Stein löst sich meist schlechter.

ZUTATEN

- 2 kg entsteinte Kriecherl (Kirschpflaumen)
- 700 g Gelierzucker 3:1

ZUBEREITUNG

Wer lieber Konfitüre möchte, nimmt zunächst von den entsteinten Früchten 300 Gramm weg, schneidet diese in Stücke und gibt diese eine Minute vor der Fertigstellung zu dem Ansatz. Die restlichen Kriecherln zerkleinert man mit einem Passierstab oder Mixer. Anschließend fügt man den Gelierzucker hinzu und bringt den Ansatz unter ständigem Rühren zum Kochen. Bevor man die Gelierprobe durchführt muss der Ansatz 4 bis 5 Minuten köcheln.

TIPP

Wer etwas saftigere Früchte bevorzugt, sollte sich nicht für gelbe, sondern für weinrote oder schwarzviolette Kriecherln entscheiden.

KÜRBISMARMELADE

Wer Kürbisse im Garten zieht, sollte im Interesse eines hohen Ertrages pro Pflanze nur 2 bis 3 Früchte ausreifen lassen. Die restlichen werden entfernt, sobald sie faustgroß sind.

26|8|23 m. Butternut mega lecker!

ZUTATEN

- 1 kg entkerntes Kürbisfruchtfleisch
- 1 Teelöffel Zimt, gestrichen
- 5 sehr fein zermahlene Gewürznelken
- frisch gepresster Saft von 3 Zitronen
- 650 g Gelierzucker 2:1
- 300 ml Wasser

ZUBEREITUNG

Das in sehr kleine Stücke geschnittene Kürbisfleisch kocht man etwa 10 Minuten in 300 ml Wasser. Danach wird es aus dem Wasser genommen und mit dem Passierstab zu Mus verarbeitet. Zu diesem fügt man die restlichen Zutaten hinzu und kocht das Ganze unter ständigem Rühren kurz auf. Anschließend lässt man diesen Ansatz 4 Minuten köcheln und führt die Gelierprobe durch.

TIPP

Man kann 300 Gramm des Kürbisfruchtfleisches durch passierte Äpfel oder Orangen ersetzten. Bei der Verwendung von Orangen sollte man aus geschmacklichen Gründen auf zermahlene Gewürznelken verzichten.

PFIRSICHKONFITÜRE

Zur Marmeladen- und Konfitürenherstellung lassen sich neben allen Pfirsichsorten auch Nektarinen gleichermaßen gut verwenden.

ZUTATEN

- 1 kg geschälte und entsteinte Pfirsiche
- 400 g Gelierzucker 3:1

ZUBEREITUNG

Die Pfirsiche in Würfel mit einer Kantenlänge von etwa 5 Millimetern schneiden. Davon 850 Gramm zu Mus pürieren. Dieses mit dem Gelierzucker in einen Topf geben und unter ständigem Rühren zum Kochen bringen. Anschließend lässt man diesen Ansatz noch 3 Minuten köcheln.
20 Sekunden bevor der Ansatz vom Herd genommen wird, die restlichen 150 Gramm Pfirsich-Würfel hinzugeben und abschließend die Gelierprobe durchführen.

TIPP

Wer eine zusätzliche Geschmacksnote haben möchte, kann das aus einer Vanilleschote herausgekratzte Mark hinzugeben. Ebenso ist es möglich, zum Konfitürenansatz 100 Milliliter Eierlikör (zusammen mit weiteren 60 Gramm Gelierzucker) hinzuzufügen.

SCHLEHENMARMELADE

Eine geschmackliche Aufwertung der Früchte erfolgt durch Frosteinwirkung. Die dabei ablaufenden biochemischen Prozesse bewirken, dass der Gerbstoffgehalt im Fruchtfleisch etwas sinkt und Zuckerverbindungen den Geschmack stärker beeinflussen. Aus diesem Grund ist es ratsam, die Schlehen erst zu pflücken, wenn sie mindestens zwei- bis dreimal längeren (Nacht)Frösten ausgesetzt waren.

ZUTATEN

- 1 kg entsteinte Schlehen
- 600 g Gelierzucker 2:1

ZUBEREITUNG

Aus den zuvor gewaschenen und entsteinten Schlehen stellt man mit dem Passierstab oder Mixer eine breiige Masse her. Diese wird mit dem Gelierzucker in einen Topf gegeben und unter ständigem Rühren aufgekocht. Anschließend lässt man diesen Ansatz 6 bis 7 Minuten köcheln. Nach erfolgreicher Gelierprobe wird die fertige Schlehenmarmelade in Gläser gefüllt.

TIPP

Wer möchte, kann beim Kochen 2 bis 3 Päckchen Vanillezucker oder eine gehäufte Messerspitze Zimt zu der Schlehenmarmelade hinzufügen, wodurch diese eine etwas andere Geschmacksnote erhält.

WEINTRAUBENMARMELADE/-KONFITÜRE

Bei der Herstellung von Weintraubenmarmelade oder -konfitüre sollte man den Zucker nicht zu knapp bemessen, weil diese Früchte relativ schlecht gelieren.

ZUTATEN

- 1 kg Weintrauben, vorzugsweise blaue, dann bekommt die Marmelade/Konfitüre eine besonders schöne Farbe
- 400 g Gelierzucker 3:1

ZUBEREITUNG

Für eine Konfitüre schneidet man zunächst 200 Gramm der Weinbeeren in Viertel. Aus den restlichen Früchten stellt man mit einem Passierstab Mus her und gibt es mit dem Gelierzucker in einen Topf. Diesen Ansatz bringt man unter ständigem Rühren zum Kochen. Anschließend lässt man das Ganze noch 3 Minuten köcheln. 30 Sekunden bevor der Ansatz vom Herd genommen wird, gibt man die geviertelten Beeren dazu und führt die Gelierprobe durch.

TIPP

Zur geschmacklichen Abrundung kann man beim Kochen dieser Marmelade bzw. Konfitüre noch 2 bis 3 Päckchen Vanillezucker und/oder 50 Milliliter Eierlikör hinzugeben.

❧

DRACHENFRUCHT-ANANAS-MARMELADE

Bei Kindern stehen Marmeladen unterschiedlich hoch im Kurs. Während manche sie gern essen, sind andere davon weniger begeistert. Aber vielleicht werden bei letzteren durch die Bezeichnung »Drachentöter-Marmelade« Neugier und Fantasie geweckt. Möglichweise werden diese Kinder dann in ihrer Fantasie zu kleinen Prinzessinnen und Prinzen, denen plötzlich diese »geheimnisvolle« Marmelade richtig gut schmeckt.

ZUTATEN

- 500 g Fruchtfleisch von Drachenfrüchten (auch Pitahaya genannt)
- 1 kg Fruchtfleisch von reifen Ananas
- 800 g Gelierzucker 2:1

ZUBEREITUNG

Das gesamte Fruchtfleisch mit einem Passierstab pürieren, danach mit dem Gelierzucker in einen Topf gegeben und unter ständigem Rühren zum Kochen bringen. Anschließend lässt man das Ganze noch 3 Minuten köcheln und führt dann die Gelierprobe durch.

TIPP

Diese Marmelade bekommt eine sehr cremeähnliche Geschmacksnote, wenn man das aus einer Vanilleschote herausgekratzte Mark während des Kochprozesses hinzufügt.

ERDBEER-RHABARBER-RIBISELMARMELADE

Im Unterschied zu Erdbeeren, die weniger gut gelieren, besitzen Rhabarber und Ribisel (Rote Johannisbeere) hervorragende Geliereigenschaften. Deshalb kompensieren diese beiden Früchte die schlechteren Geliereigenschaften der Erdbeeren komplett.

ZUTATEN

- 500 g frische Erdbeeren
- 500 g Ribisel (Rote Johannisbeere)
- 500 g frischer Rhabarber
- 800 g Gelierzucker 2:1

ZUBEREITUNG

Alle Früchte in einen Topf geben und mit dem Passierstab zu Mus bearbeiten. Dieses kocht man mit dem Zucker unter ständigem Rühren. Anschließend lässt man den Ansatz 2 Minuten köcheln und führt danach die Gelierprobe durch.

TIPP

Statt der Roten kann man auch Weiße Ribisel verwenden. Dagegen ist von Schwarzen Ribiseln abzuraten, weil diese ein sehr kräftiges Aroma besitzen, welches das der Erdbeeren nahezu vollständig überdeckt.

DIRNDL-BIRNEN-MARMELADE

Die Dirndln (Kornelkirschen), Cornus mas, die ursprünglich nur in Südosteuropa und Kleinasien verbreitet waren, gehörenzu den Wildfrüchten. Obwohl sie in die Kategorie Steinobst fallen, sind sie trotzdem nicht näher mit der Kirsche verwandt, sondern gehören zur Familie der Hartriegelgewächse.

ZUTATEN

- 500 g entsteinte Dirndln (Kornelkirschen)
- 500 g süße Birnen
- Saft einer halben Zitrone
- 400 g Gelierzucker 3:1

ZUBEREITUNG

Aus den Birnen und den Dirndln wird mit dem Pürierstab oder Mixer eine breiige Masse hergestellt. Diese gibt man in einen Topf und fügt sowohl den Zitronensaft als auch den Gelierzucker hinzu. Dann kocht man den Ansatz unter ständigem Rühren auf und lässt ihn 4 Minuten köcheln. Anschließend erfolgt die Gelierprobe.

TIPP

Eine Variante, um reife Dirndln zu entsteinen, ist die »Haarnadelmethode«. Dazu wird mit einer sauberen Haarnadel seitlich in die Früchte gestochen. Dabei gelangt man unter die Kerne, die anschließend herausgehebelt werden.

Vogelbeeren-Apfel-Marmelade

Zwischen August und September werden die scharlachroten Früchte der Eberesche reif. Oft wird behauptet, dass diese Früchte für Menschen ungenießbar seien. Allerdings trifft das nur auf rohe Vogelbeeren zu, in denen reichlich Parasorbinsäure enthalten ist, wodurch erhebliche Magenbeschwerden hervorgerufen werden.

Sobald diese Beeren jedoch gekocht werden, wandelt sich die Parasorbinsäure in die für Menschen sehr gut verträgliche Sorbinsäure um. Folglich steht einer Nutzung dieser herbsäuerlich bis schwach bitter schmeckenden Früchte bei der Herstellung von Marmeladen nichts im Wege.

ZUTATEN

- 1 kg Vogelbeeren (die zuvor von den Trauben abgestreift wurden)
- 1,3 kg geschälte und entkernte Äpfel
- 1,3 kg Gelierzucker 2:1
- 500 ml Wasser

ZUBEREITUNG

Die gewaschenen Beeren in einen mit 500 Milliliter Wasser gefüllten Topf gegeben und 25 Minuten bei mittlerer Hitze kochen. Danach gibt man die Beeren in ein Haarsieb und streicht mit einem Quirl oder Löffel die Fruchtmasse aus den Beeren. Die aufgefangene Fruchtmasse gibt man mit dem Gelierzucker und den Äpfeln in einen Mixer, um daraus eine breiige Masse herzustellen. Diese bringt man zum Kochen, lässt sie weitere 4 bis 5 Minuten köcheln und führt die Gelierprobe durch.

Herrlich veredelt

Marillenmarmelade mit Lavendel

Marillen, Prunus armeniaca, werden mancherorts auch als Aprikosen bezeichnet.

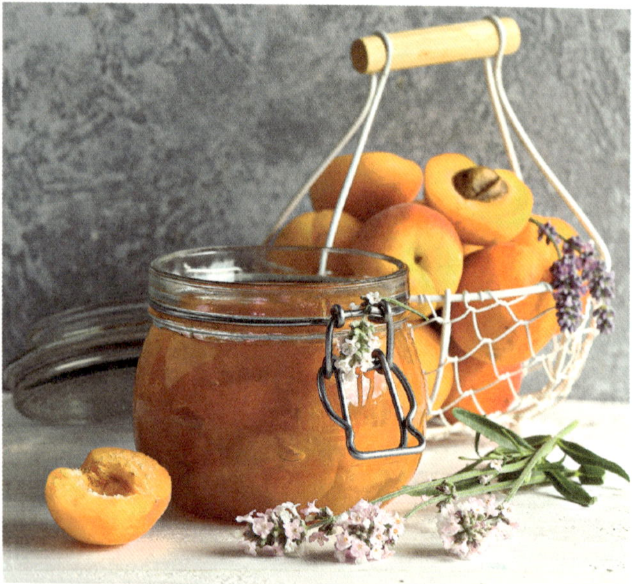

ZUTATEN

- 1 kg entsteinte Marillen
- 550 g Gelierzucker 2:1
- die frischen, ausgezupften Einzelblüten aus fünf ährigen Blütenständen des Lavendels

ZUBEREITUNG

Die Lavendelblüten mit einem Wiegemesser zerkleinern. Anschließend verarbeitet man die Marillen mit dem Passierstab zu einer breiigen Masse und gibt diese zusammen mit den anderen Zutaten in einen Topf. Nachdem dieser Ansatz unter ständigem Rühren zum Kochen gebracht wurde, lässt man ihn weitere 4 Minuten köcheln. Dann führt man die Gelierprobe durch.

TIPP

Statt des Lavendels kann man auch 30 Gramm sehr fein geraspelten Ingwer oder 30 Gramm frische, fein gehackte Zitronenmelisse-Blätter zum Ansatz hinzufügen.

BIRNEN-SCHWARZBIER-KONFITÜRE

Während des Kochprozesses wandelt sich der im Schwarzbier enthaltene Zucker zu Karamell um. Deshalb hat diese Konfitüre keinen Bier-, sondern einen herrlichen Birnen-Karamell-Geschmack.

ZUTATEN

- 500 g geschälte, vom Kerngehäuse befreite und in kleine Würfel geschnittene Birnen
- 200 ml Wasser
- 500 ml Schwarzbier, vorzugsweise eine süßlich schmeckende Sorte
- 700 g Gelierzucker 3:1
- 3 Päckchen Vanillezucker

ZUBEREITUNG

Die Birnenstücke mit dem Wasser in einen Topf geben und zum Kochen bringen. Anschließend lässt man das Ganze, je nach Härte der Birnenstücke, 5 bis 10 Minuten köcheln. Die Birnenstücke sollen dabei weich werden, aber keine musartige Konsistenz annehmen.

Danach fügt man den Vanillezucker, das Schwarzbier (sehr vorsichtig gießen, weil es stark schäumt und sonst die Gefahr besteht, dass der Ansatz überkocht) und den Gelierzucker hinzu. Unter ständigem Rühren lässt man den Ansatz noch einmal 3 Minuten köcheln und führt dann die Gelierprobe durch.

TIPP

Wer den Geschmack von pulverisiertem Zimt mag, kann davon zusätzlich einen halben gestrichenen Teelöffel zu dieser Konfitüre geben.

RUMTOPFMARMELADE

Für diese Marmelade ist es zunächst erforderlich, einen zuckerfreien Rumtopf anzusetzen. Das geschieht in folgender Weise: Man gibt eine etwa ein bis zwei Zentimeter starke Schicht einer Fruchtart in ein verschließbares Glas. Anschließend wird so viel brauner Rum darüber gegossen, sodass die Obstschicht gerade bedeckt ist. Danach verschließt man das Glas, stellt es in einen warmen Raum und wartet, bis die nächste Fruchtart im Garten reif wird. Von diesen Früchten wird ebenfalls eine Lage in das Glas gefüllt und so viel Rum dazu gegossen, dass auch diese gerade bedeckt ist. In analoger Weise verfährt man, bis das Glas komplett gefüllt ist. Nach dem Einfüllen der letzten Früchte sollte man den Rumtopf mindestens sechs Wochen ziehen lassen, bevor eine erste Entnahme erfolgt.

ZUTATEN

- 800 g gut durchgemischter Rumtopf, wobei der Anteil der Flüssigkeit etwa 100 Gramm und der Früchte etwa 700 Gramm betragen sollte
- 500 g Gelierzucker 2:1
- 4 Päckchen Vanillezucker

ZUBEREITUNG

Den Rumtopf mit dem Passierstab zu einem Fruchtbrei zerkleinern. Diesen gibt man in einen Topf und lässt ihn 10 Minuten kochen, damit möglichst viel Alkohol entweicht. Anschließend fügt man den Gelier- und Vanillezucker dazu und lässt diesen Ansatz 4 bis 5 Minuten köcheln und führt danach die Gelierprobe durch.

SÜSSKIRSCHMARMELADE/-KONFITÜRE MIT EIERLIKÖR

ZUTATEN

- 2 kg entsteinte Süßkirschen
- 1 kg Gelierzucker 3:1
- 300 ml Eierlikör

ZUBEREITUNG

Wer Konfitüre möchte, nimmt zunächst von entsteinten Früchten 400 Gramm weg, halbiert diese und gibt sie 30 Sekunden vor der Fertigstellung zu dem Ansatz.

Die Früchte mit einem Passierstab zerkleinern und mit den restlichen Zutaten in einen Kochtopf geben. Diesen Ansatz bringt man unter ständigem Rühren zum Kochen. Danach lässt man ihn 4 bis 5 Minuten köcheln, wobei viel Alkohol entweicht, ohne dass der leckere Eierlikörgeschmack verlorengeht. Zum Schluss erfolgt die Gelierprobe.

TIPP

Statt der Süßkirschen lassen sich auch Sauerkirschen verwenden.

WEIHNACHTSKONFITÜRE AUS MEDITERRANEM OBST

Eine gleichermaßen schmackhafte wie außergewöhnliche Weihnachtskonfitüre lässt sich aus verschiedenen mediterranen Früchten herstellen. Wenn diese Konfitüre nur für die weihnachtlichen Festtage hergestellt wird, behält sie den Charakter von etwas Besonderem, auf das man sich schon in der Vorweihnachtszeit so richtig freuen kann.

ZUTATEN

- 3 große Orangen samt Schale
- 1 Granatapfel
- 3 frische Feigen
- 100 ml frisch gepresster Orangensaft
- 250 g Gelierzucker 3:1
- ¼ Teelöffel Zimt, gestrichen
- 1 gehäufte Messerspitze Anispulver

ZUBEREITUNG

Die Orangen gut waschen und mitsamt der Schale in kleine Stücke schneiden. Ebenso verfährt man mit den Feigen. Den Granatapfel halbieren und die beerenähnlichen Samen mit einem Löffeln herausheben. Letztere werden zusammen mit den anderen Zutaten in einen Topf gegeben und aufgekocht. Anschließend lässt man diesen Ansatz 5 weitere Minuten köcheln und führt die Gelierprobe durch.

LINDENBLÜTENGELEE

Für die Herstellung eignen sich die Blüten von Sommer- und Winterlinde gleichermaßen gut. Beim Pflücken der Blüten ist nur darauf zu achten, dass sich auf den Deckblättern, die als Segel bei der Verbreitung der Samen fungieren, keine schwärzlichen Verfärbungen befinden. Bei diesen Verfärbungen handelt es sich um Rußtaupilze, die parasitisch auf den Deckblättern leben und diesen Nährstoffe entziehen.

ZUTATEN

- 200 g frische Lindenblüten
- 600 g Gelierzucker 3:1
- Saft zweier Limetten, alternativ auch den Saft einer Zitrone
- 1 l Wasser

ZUBEREITUNG

Nachdem die Lindenblüten kurz (in kaltem Wasser) gewaschen wurden, gibt man sie mit dem Wasser in einen Topf und kocht das Ganze auf. Danach nimmt man den Ansatz vom Herd und lässt ihn mindestens noch eine halbe Stunde ziehen. Dann gießt man das Ganze durch ein Leinentuch oder ein sehr feines Haarsieb. Die aufgefangene Flüssigkeit wird mit dem Gelierzucker sowie dem Saft in einen Topf gegeben und unter Rühren 3 Minuten lang erhitzt. Zum Schluss erfolgt die Gelierprobe.

TIPP

In analoger Weise lässt sich Holunderblüten-Gelee herstellen. Statt der Linden- werden frische Holunderblüten verwendet, und den Limettensaft ersetzt man durch 3 bis 4 Päckchen Vanillezucker.

PFEFFERMINZ-GELEE

Dieses Gelee besticht durch außerordentlich aromatische Frische.

ZUTATEN

- 150 g frische Pfefferminzblätter
- abgeriebene Schale einer Zitrone, alternativ von zwei Limetten
- abgeriebene Schale einer Orange
- 550 g Gelierzucker 3:1
- 1 l Wasser

ZUBEREITUNG

Die Pfefferminzblätter mit den abgeriebenen Schalen der Zitronen sowie der Orange und dem Wasser aufkochen und 5 Minuten köcheln lassen. Dann nimmt man den Sud vom Herd und wartet noch etwa 10 Minuten. Nun wird alles durch ein Sieb gegossen und die Flüssigkeit aufgefangen. Zu dieser gibt man den Gelierzucker und kocht das Ganze unter häufigem Rühren 3 Minuten lang auf. Abschließend erfolgt die Gelierprobe.

TIPP

Statt Pfefferminze lassen auch allen andere Minze-Arten, beispielsweise Grüne Minze oder Ananasminze, verwenden.

QUITTEN-GELEE

Quitten-Gelee zeichnet sich durch eine feine bitter-aromatische Geschmacksnote aus, die viele Menschen sehr mögen. Beim Kauf der Früchte sollte man sich nicht von den Bezeichnungen Apfel- beziehungsweise Birnenquitten irritieren lassen. Die betreffenden Früchte schmecken weder nach Äpfeln noch nach Birnen, sondern haben nur Formen, die diesen beiden Obstarten ähneln.

ZUTATEN

- 3 kg Quitten
- Saft von 2 kleinen Zitronen
- abgeriebene Schale einer Zitrone
- 800 g Gelierzucker 3:1
- 1,5 l Wasser

ZUBEREITUNG

Die pelzigen Oberflächen der Quitten werden mit einem Tuch abgerieben. Dann wäscht man die Früchte, schneidet sie in kleine Stücke und gibt sie mit dem Wasser in einen Topf. Diesen Ansatz kocht man etwa 45 bis 50 Minuten lang. Anschließend gießt man ihn durch ein Haarsieb, das mit einem Leinentuch ausgekleidet ist, und fängt die Flüssigkeit auf. Die Quittenstücke bleiben über Nacht in dem Tuch, damit sie optimal abtropfen können. Am nächsten Morgen wringt man das Tuch samt Inhalt aus. In das aufgefangene Saft-Wasser-Gemisch gibt man alle restlichen Zutaten und kocht den Ansatz unter häufigem Rühren 4 bis 5 Minuten lang auf. Danach führt man die Gelierprobe durch.

APFELKRAUT (APFELSIRUP)

Apfelkraut, dessen Färbung der von Zuckerrübensirup ähnelt, kann man als eine »Übergangsform« zwischen Gelee und Fruchtmus ansehen.

ZUTATEN

- 2–3 kg sehr süße, reife Äpfel
- 1 l Wasser

ZUBEREITUNG

Die Äpfel schälen, vom Kerngehäuse befreien und in Viertel schneiden. Letztere gibt man mit dem Wasser in einen Topf und kocht sie ca. 5 Minuten. Dann gießt man den Ansatz durch ein Sieb, das mit einem nicht zu feinmaschigen Tuch ausgekleidet wurde. Nachdem die Apfelstücke abgekühlt sind, gewinnt man den Saft durch kräftiges Auswringen des Tuches.
Der Saft wird in einen Topf gegeben, der in einem Wasserbad stehen muss. Anschließend erhitzt man das Wasserbad, bis der Saft kocht. Bei gleichbleibender Hitze dickt der Apfelsaft in den folgenden 50 bis 60 Minuten zu Sirup ein und nimmt dabei allmählich eine schwärzliche Färbung an.

TIPP

Wenn statt der Äpfel eine süße Birnensorte verwendet wird, erhält man Birnenkraut, das ebenfalls sehr gut schmeckt.

POWIDL

....

Powidl (Pflaumenmus) erfreut sich schon seit Langem großer
Beliebtheit. Für alle, die nur die Herstellungsvariante durch
langes Rühren kennen: Probieren Sie es doch einmal im Back-
rohr!

ZUTATEN

- 3 kg reife, entsteinte blaue Hauszwetschgen
- 300 g weißer Zucker
- 300 g brauner Zucker
- 1 Teelöffel Zimt, gestrichen
- 3–4 zu Pulver zermahlene Gewürznelken

ZUBEREITUNG

Die Zwetschgen zusammen mit den restlichen Zutaten gut durchmischen, in eine feuerfeste Glasbratpfanne geben und diesen Ansatz 2 bis 3 Stunden ziehen lassen. Anschließend die Backröhre auf 150 °C vorheizen und die Pfanne mit dem Ansatz hineinstellen, wo dieser 3 bis 3,5 Stunden verbleibt. Damit die aus den Zwetschgen austretende Feuchtigkeit besser entweichen kann, soll die Backofentür einen Spalt offen bleiben. Das lässt sich am besten realisieren, wenn ein sehr flaches Holzscheit in die Tür des Backofens geklemmt wird. Nach der Garzeit nimmt man den Ansatz aus dem Ofen und durchmengt ihn noch einmal kräftig mit dem Passierstab. Dann kann das Mus in Gläser gefüllt werden, die man mit Twist-off-Deckeln verschließt.

QUITTENMUS MIT SULTANINEN

Bei der Herstellung von Quittengelee (siehe Seite 54) bleiben die gekochten, in Stücke geschnittenen Früchte übrig, die zum Wegwerfen viel zu schade sind. Stattdessen lässt sich daraus ein hervorragend schmeckendes Quittenmus zubereiten.

ZUTATEN

- 1 kg weich gekochte Quittenstücke
- 700 g Gelierzucker (2:1)
- 75 g Sultaninen oder Korinthen (gut bewährt hat sich auch ein Gemisch aus beiden)
- abgeriebene Schale einer großen Zitrone

ZUBEREITUNG

Mit einem Passierstab verarbeitet man die Fruchtstücke zu Brei, dieser wird dann durch ein Haarsieb gestrichen. Die gewonnene Masse gibt man mit den anderen Zutaten in einen Topf und erhitzt das Ganze. Sobald das Mus zu Kochen beginnt, lässt man es weitere 4 bis 5 Minuten köcheln. Anschließend füllt man es in Gläser, die mit Twist-off-Deckeln verschlossen werden.

Schlusswort

Sicherlich hat Ihnen unsere kleine »Reise« durch die Welt der Marmeladen Spaß bereitet. Vielleicht wurde dabei sogar die Lust geweckt, nicht nur vorhandene Rezepte auszuprobieren, sondern eigene Marmeladen- und Geleeideen zu kreieren. Nur zu, der individuellen Fantasie sind dabei kaum Grenzen gesetzt. Überlegen Sie einfach, ob das, was Ihnen am besten schmeckt, sich nicht in diese oder jene Marmelade integrieren lässt. Vielleicht steht Ihnen der Sinn nach Kokosraspeln, die Bestandteil eines Birnengelees werden könnten, oder nach kleinen Stücken Vollmilchschokolade, die Sie mit hellen Weinbeeren zu einer Marmelade kombinieren möchten.

Ich wünsche Ihnen sowohl beim Nachkochen von Rezepten als auch bei Eigenkreationen stets bestes Gelingen und guten Appetit beim Verzehren Ihrer »süßen Schätze«.

Über den Autor

Axel Gutjahr, geboren 1959, begeistert sich seit frühester Kindheit für Pflanzen und Tiere. Außerdem betrachtet er die Küche als sein Experimentierfeld, in dem er neben altbewährten auch gern neue Marmeladen-, Wildbret- und Teevarianten sowie Liköre kreiert.

Axel Gutjahr hat bisher 60 Sach- und Kinderbücher mit kulinarischen, botanischen, zoologischen, landwirtschaftlichen Inhalten verfasst. Mehrere seiner Bücher wurden in verschiedene Sprachen übersetzt.

1. Auflage © 2020 Servus bei Benevento Publishing, eine Marke der Red Bull Media House GmbH, Wals bei Salzburg · Alle Rechte vorbehalten, insbesondere das des öffentlichen Vortrags, der Übertragung durch Rundfunk und Fernsehen sowie der Übersetzung, auch einzelner Teile. Kein Teil des Werkes darf in irgendeiner Form (durch Fotografie, Mikrofilm oder andere Verfahren) ohne schriftliche Genehmigung des Verlages reproduziert oder unter Verwendung elektronischer Systeme verarbeitet, vervielfältigt oder verbreitet werden. Gesetzt aus der Hoefler Text und The Sans. · Medieninhaber, Verleger und Herausgeber: Red Bull Media House GmbH · Oberst-Lepperdinger-Straße 11–15 · 5071 Wals bei Salzburg, Österreich · Gestaltung und Satz: wir sind artisten · Bilder: Cover: Carletto Photography/Shutterstock.com · Innenteil: S. 6: gettyimages/GMVozd, S. 9: Agenturfotografin/Shutterstock.com, S. 13: pixabay/stux, S. 15: gettyimages/kajakiki, S. 17/18: mauritius images/Panther Media GmbH/Alamy, S. 20, 50: Heike Rau/Shutterstock.com, S. 22, 42: 5PH/Shutterstock.com, S. 24: Nataliya Arzamasova/Shutterstock.com, S. 26: Maria Medvedeva/Shutterstock.com, S. 28: mauritius images/Olga Nikiforova/Alamy, S. 30: muh23/Shutterstock.com, S. 32, 34, 44: Cornelia Gutjahr, S. 36: Nikolay Dimitrov/Shutterstock.com, S. 38: GalinaSh/Shutterstock.com, S. 40: Losangela/Shutterstock.com, S. 46: mauritius images/Westend61/Larissa Veronesi, S. 48: Solya Repko/Shutterstock.com, S. 54: Agave Studio/Shutterstock.com, S. 56: Rimma Bondarenko/Shutterstock.com, S. 58: Dani Vincek/Shutterstock.com, S. 60: hlphoto/Shutterstock.com, S. 62: /Shutterstock.com